Lb 1415.

APERÇU STATISTIQUE

DE LA FORCE DU PARTI

DE LA BRANCHE DÉCHUE.

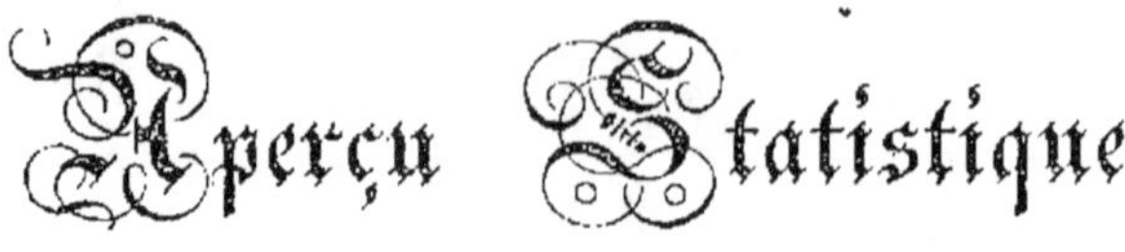

Aperçu Statistique

DE LA FORCE DU PARTI

DE

LA BRANCHE DÉCHUE,

SOUS LES RAPPORTS DE L'OPINION, DU NOMBRE,
DE CE QUI A ÉTÉ JADIS
OU POURRAIT ÊTRE AUJOURD'HUI MILITANT.

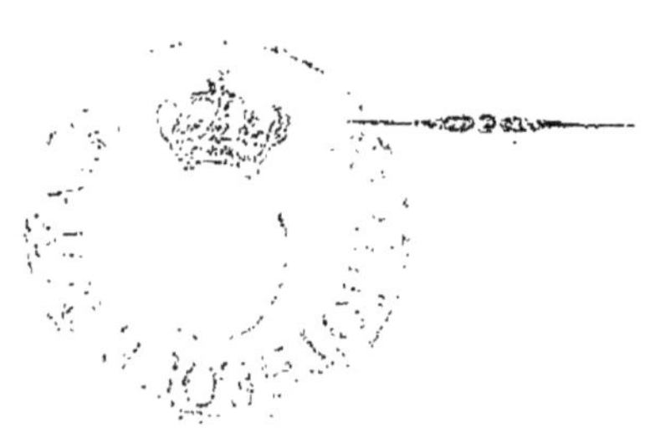

PARIS.

IMPRIMERIE LE NORMANT, RUE DE SEINE, N° 8.

1832.

Les Notes ont été rédigées pour satisfaire pleinement aux esprits positifs qui désireraient s'assurer de l'exécution de nos évaluations.

APERÇU STATISTIQUE

DE LA FORCE DU PARTI

DE

LA BRANCHE DÉCHUE.

PREMIÈRE PARTIE.

MARS 1832.

Pour arriver à une évaluation aussi approximative que possible de ce parti, nous remonterons à son origine. La France comptait, en 1789, 12,000 familles nobles et 6,000 jouissant des priviléges de la noblesse par leurs charges ou emplois, ce qui donne 72,000 individus[1]. Il serait peu raisonnable de les

---

[1] Il est possible que cette évaluation ne porte point le chiffre à son maximum, nous ne le croyons cependant pas. Outre qu'on peut le vérifier dans les tableaux généalogiques de la noblesse de France, dressés en ces temps par MM. d'Hozier et Chérin ; celui

compter toutes comme dévouées au parti. La preuve en est acquise.

Si, pour mémoire, et par suite de son influence, on compte le clergé dans ce parti, et certes la constitution civile, qu'un grand nombre de ses membres a acceptée, prouve assez que, sur 40,000, au moins 10,000 avaient abjuré le service de cette cause, reste donc 30,000 [1].

Passant au tiers-état, l'évaluation présente plus de difficultés : cependant, en considérant 1° ce qu'avait d'empire sur cette nombreuse classe le patronage des familles nobles; 2° les idées religieuses; 3° les habitudes anciennes de ce qu'on appelait bourgeois, ou vivant noblement (expression du temps), ou marchands, ou occupant des études, ou employés même dans la domesticité par les riches privilégiés, on en portera le nombre au taux le plus élevé à 500,000 [2].

qui a été fait d'après les ordres des rois Louis XVIII et Charles X, à la chancellerie de France , par M. Antoine de Laignes , dit-on , peut éclairer sur l'exactitude du chiffre.

[1] On renvoie également pour ce chiffre au tableau dressé lors de la constitution civile du clergé , et aux écrits des sieurs Taboureaux et Servois; ce dernier, secrétaire du comité alors : qui depuis, en 1819, grand-vicaire de l'évêque de Cambrai, précisa, dans un écrit particulier sur cette matière , ce qu'il avait recueilli étant secrétaire du comité.

[2] Cette évaluation n'a pu avoir pour base que les documens publiés journellement en ces temps : ils ont été entre les mains de tout le monde , et les états dressés par les intendans de pro-

La portion militante au commencement de la guerre nous démontrera assez que cette évaluation, si elle est exagérée, tient compte, et fort largement, de l'opinion et des regrets restés au fond du cœur de chacune des classes.

De ce point de départ, formant masse de 600,000, sur une population de 25,000,000, nous arrivons au premier acte ostensible de la force militante du parti, c'est-à-dire l'émigration.

La première émigration eut lieu du 14 juillet 1789 au mois de mars 1792. La noblesse en forma les sept huitièmes. On évalua, dans le temps, cette sortie de France à 70,000 individus, tant hommes que femmes et enfans, vieillards, membres du clergé ou du tiers-état [1].

Sur ce nombre, 24,000 portèrent les armes, encore fallut-il y compter 3,000 hommes des régimens qui sortirent de France [2].

vinces, les administrateurs de districts, de départemens et les préfets, n'en contesteront pas, en les recueillant, le chiffre, au moins bien approximatif. D'ailleurs, l'indemnité du milliard est là pour le corroborer.

[1] Le livre des émigrés, les états dressés à Coblentz dont on a lieu d'être assuré que le gouvernement révolutionnaire a entre ses mains les doubles, prouveront, à qui voudra se livrer à la vérification du chiffre, qu'il y a exactitude dans celui présenté.

[2] Ce chiffre ne peut être révoqué en doute; les comités de salut public et de la guerre en ont eu assez de preuve. On peut le rechercher au dépôt des papiers du gouvernement révolution-

Nous donnerons, plus bas, les nomenclature, force et composition des corps qui firent partie de cette émigration armée.

Il résulte, pour le moment, que la France ne fournit au parti qu'une force de 24,000 hommes, qui, réunis à 70,000 Prussiens et Autrichiens, tentèrent de la soumettre. Vaine entreprise, qui échoua comme on le sait.

Une seconde émigration eut lieu. Elle produisit un renfort d'environ 3,000 hommes, non au parti, mais à l'armée autrichienne : ce fut celle de Dumouriez [1].

Une troisième suivit : ce fut celle occasionée par la terreur. Elle n'augmenta en rien la force combattante; presque tous étaient des hommes paisibles qui vinrent chercher en Suisse, en Angleterre, en Amérique, et autres pays, un asile et un abri pour leur tête menacée.

Une quatrième eut lieu de plusieurs points en 1793 et 94. Ce fut une fuite et non une émigration, occasionée par la retraite des troupes alliées de Toulon, de l'Alsace, de la Flandre, de Lyon. Elle ne porta aucune augmentation dans les rangs du parti. Les étrangers seuls en recueillirent quelques serviteurs qui, dès que leur rentrée en France fut pos-

naire, que ceux qui lui ont succédé ont recueillis et placés aux archives.

[1] Les rapports faits dans les temps à la guerre suffisent pour garantir l'exactitude.

sible, s'y précipitèrent avec empressement pour se réunir au parti national.

Bientôt, de 1799 à 1802, la première émigration suivit l'exemple des autres et se faufila en France jusqu'au moment où les portes de l'antichambre de l'empereur ou de l'armée lui furent ouvertes. Elle rentra presqu'en entier, abjurant la cause, pour passer, comme transfuge, dans le camp de la nation.

A l'intérieur, s'il y avait eu 30,000 combattans royalistes, c'était un maximum plus qu'exagéré. Des négociations, un gouvernement ferme, avaient tout dissipé.

La restauration est arrivée, et n'a plus trouvé qui combattît pour elle; elle n'eut d'autre force que celle des baïonnettes étrangères; et vingt à trente colporteurs d'écrits qui se signalèrent à la nation, en se ruant sur une statue dont l'original les avait dédaignés : voilà quels furent les combattans du parti. Joignez-y, pour le sentiment, des femmes qui regrettaient encore et espéraient récupérer l'empire qu'elles avaient tenu du tabouret de cour, et celles qui se voyaient chaque année ravir par la gloire ceux qui auraient dû, suivant elles, n'appartenir qu'à l'amour; puis les petites ambitions, les petites intrigues, les belles espérances.

Tout ceci ne constituait ni la force militante qui gagne la cause, ni la force d'opinion qui la soutient. Si l'on veut bien apprécier ce que, lors de la première restauration, fut la force militante, elle n'eût pas réuni 10,000 individus, celle d'opinion n'en avait pas 30,000. Il y avait donc eu décroissance de 1792 à 1814 dans l'évaluation du parti.

Une autre preuve, encore claire comme le jour, c'est la première chute de cette restauration. Seulement 4,000 individus la suivirent jusqu'au dehors, et pas un n'offrit la moindre résistance pour l'empêcher. La tourbe de cette noblesse, reste de la vieille émigration qui avait obstrué tous les abords, antichambres et recoins de ce vaste palais, naguère occupé par un grand homme, et, un moment, par de si petits princes, était retournée traînant son impuissance dans ses manoirs isolés ; et ceux qui, par leur jeune âge, semblaient devoir être les soutiens de la cause, quittèrent à la frontière le casque et l'épée qu'ils n'avaient pris que par ton, et quelques uns peut-être pour la paix.

Dans l'intérieur, au pays jusque-là classique du dévouement au parti, à peine 1,500 hommes disséminés sur six départemens se montrèrent-ils. Encore y furent-ils poussés et forcés par deux ou trois anciens chefs qui seuls avaient persévéré avec énergie.

Dans le midi, l'un de ces princes ne fut accompagné que par 2,000 hommes au plus, qui s'appuyaient sur trois régimens que les circonstances avaient enlacés et trouvés dans une fausse position. Aussi, d'un souffle, tout disparut en moins de quinze jours ; la France ne vit plus d'hommes armés pour ce parti, et moins de 30,000 que l'opinion lui conserva.

La deuxième restauration eut lieu [1]. Elle ne montra, en force militante, que 3 à 4,000 de son émigration. Les baïonnettes étrangères forcèrent ensuite quelques débris composés de ces soldats, qui n'ont d'autres moyens d'existence et d'autre refuge qu'un drapeau, à compter dans ses rangs. La loi en augmenta le nombre; mais le cœur et l'opinion n'y entrèrent pour rien; la dernière chute l'a prouvé, quoique, pendant quinze ans, ni force, ni promesses fallacieuses n'eussent été épargnées.

Quelle est donc, en 1832, la force de ce parti? Serait-ce par hasard ces 15 ou 1,800 hommes pris parmi des habitans dont on connaît la répugnance à sortir de leur Bocage pour servir au loin, qu'on appelle des réfractaires, figurant en ce moment avec un ramassis de malfaiteurs, de forçats réunis par l'argent distribué (bien moins largement qu'autrefois, il faut le dire) par 200 intrigans ou turbulens, dont l'ambition fait le fonds du dévouement?

Le colonel de la légion de la Vendée, lorsqu'il tint garnison à Paris en 1817, nous disait que son corps, composé de 281 hommes, n'avait jamais, pendant son séjour en Vendée, pu s'augmenter d'un seul homme du pays, quoique le fond du régiment

---

[1] Nul ne peut contester ce chiffre, qui n'a que trop été démontré et prouvé au public par tous les individus qui y faisaient nombre, et les actes de la restauration.

fût composé de soldats de l'ancienne armée nés dans cette contrée, tant était grande leur aversion pour le service, et surtout au-delà des limites de leur province.

Est-ce là une force militante capable de renverser un gouvernement établi par la volonté nationale? Admettant même que les 1,800 combattans en trouvassent encore 7 ou 8,000 qui fussent tentés de se réunir à eux, il leur serait impossible d'opérer cette réunion sur un seul point: chacun d'eux opposerait l'esprit de localité comme ceux du Bocage.

S'il se trouve, comme au temps du fameux rapport, quatorze départemens entièrement dévoués à ce parti, et douze dans lesquels il y aurait moitié, il en résulterait que la totalité de ces vingt-six départemens ne fournirait pas 10,000. L'on peut alors contester, à juste titre, que la force militante et la force d'opinion ou sentimentale pussent produire aujourd'hui, dans toute la France, 10,000 hommes offrant leur bras et leur vie, et 50,000 leur dévouement même dans le for intérieur.

Si l'on veut, on y ajoutera que, suivant la même tactique qu'à la première révolution, le parti a dix agens [1] principaux peut-être, et quarante à cinquante secondaires par département qui, tous salariés, le

---

[1] Pour cette organisation d'agens, il y a tant de preuves écrites dans les divers procès de conspirations et de mémoires publiés pendant la restauration, notamment ceux de Fauche-Borel, de pièces tirées du pavillon de Marsan, qu'il serait presque ridicule de songer à justifier la réalité de ce paragraphe.

servent, ou plutôt le dupent, lui soutirent des moyens d'existence, et même lui font payer leur luxe et leur débauche (les maisons de jeu de Paris, comme jadis celles des eaux de Bade, Ems, de Berne, de Bâle et autres lieux, pourraient les nombrer). On verra combien est faible ce parti.

Son existence fut toujours de patricotage, de corruption, de basse intrigue, toujours des petits moyens. C'est sa monomanie, son essence; il n'a jamais rien compris; aussi a-t-il été constamment dupe de ses agens secrets et avérés.

En 1832, le parti de la branche déchue consiste donc en 2,000 hommes ou brigands qui se montrent sur la surface assez étendue de six départemens, et 50,000 mus par des sentimens d'intérêts et autres que l'on déduit facilement.

Que l'on double et triple, si l'on veut, ce nombre, cela ne constitue pour l'un ni force, et pour l'autre (la France) ni danger ni crainte à concevoir. Le temps calmera tout, témoin le règne de Napoléon. En 1812, connaissait-on des partis, et surtout celui-ci?

Des craintes exagérées, exprimées à la tribune, ou présentées dans les journaux, sous des couleurs violentes et fausses, servent à merveille le parti, sont suscitées, suggérées par lui, et feraient peut-être même compter les auteurs de ce langage parmi ses membres, si l'on ne savait qu'elles sont dictées par un sentiment tout opposé.

Il résulte que, suivant nous, les combattans actuels du parti ne peuvent aspirer à être considérés comme guerriers, que la gendarmerie, aidée de quelques troupes, est seule appelée à les livrer à la justice; que, quant à l'opinion sentimentale, elle n'est pas susceptible de devenir contagieuse, et se dénaturera avec le temps.

Nous réduisons en chiffres notre conclusion pour la rendre plus claire et plus précise, en la présentant en forme de tableau.

————

TABLEAU DE LA FORCE MILITAIRE.

En 1792.	Armée des princes, émigrés.	24,000	24,000.	
En 1793.	*Id.* de Condé.	6,000	18,000.	
	Id. de la Vendée.	12,000		
En 1794.	*Id.* de Condé.	6,000	39,000.	
	Id. de la Vendée.	25,000		
	Id. de Lyon	3,000		
	Id. de Toulon.	2,000		
	Id. du Calvados ou Wimpfen.	3,000		
En 1795.	*Id.* de Condé.	6,000	39,000.	
	Id. de Quiberon.	3,000		
	Id. de Vendée.	30,000		
En 1796.	*Id.* de Condé.	10,000	25,000.	
	Id. de Vendée.	15,000		
En 1797.	*Id.* de Condé.	5,000	5,000	annihilés par la paix.
	Id. de Vendée.	»		
En 1798.	*Id.* de Condé.	5,000	9,000.	
	Id. de Vendée, épars.	4,000		
En 1799.	*Id.*	»	»	comme en 1798.
De 1799 à 1814.	*Id.*	»	»	nulle.
En 1814.	A l'intérieur, soulevés par l'étranger.	2,000	2,000.	
En 1815.	Gand	4,000	9,000.	
	Midi.	2,000		
	Vendée	3,000		

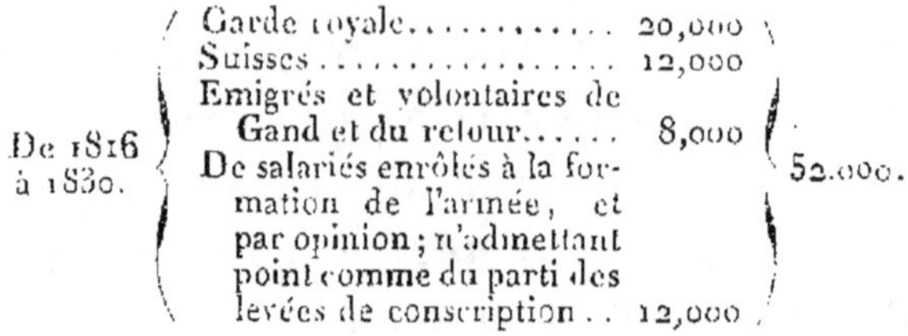

En résumé, la force militante fut pendant ces quarante années dans son maximum de 52,000; dans son minimum de 2,000.

———

OBSERVATIONS EXPLICATIVES

SUR LES CHIFFRES DU TABLEAU CI-DESSUS.

En 1793. — Les armées des princes avaient été licenciées; il ne resta que les 5 ou 6,000 de l'armée de Condé, et le commencement de la lutte en Vendée où, quel qu'ait été le nombre des hommes de ces provinces, Poitou, Bretagne, et qui marchaient en masse, traînant avec eux femmes, enfans, vieillards, valets, il n'y eut pas plus de 12,000 qui purent être considérés comme combattans, témoin l'affaire de Martigné-Bruyant, le 15 juillet 1793, où le général Santerre, avec 70,000 hommes, fut battu par 8,000 paysans, la plupart non armés de fusils.

En 1794. — On admet que le nombre doubla en Vendée, élévation fort élevée, si on la rapproche de ce qu'était la population et de l'organisation des combattans par paroisse, ayant chacune sa bannière, lorsqu'un peu plus tard on vit plusieurs paroisses n'ayant pas même un homme pour porter ladite bannière.

En 1795. — Peut-on considérer comme combattans les prisonniers de guerre et les étrangers enrôlés dans les corps qui débarquèrent à Quiberon? Les prisonniers incorporés dans les régimens d'Hervilly et autres prouvèrent assez le contraire, en livrant de suite à l'armée nationale les petits forts où ils étaient entrés en débarquant; cependant on les compte au tableau.

En 1796. — Les forces diminuèrent sensiblement, et par les revers qu'avait essuyés le parti, et par les négociations qui avaient lieu pour la paix.

En 1797. — Après la pacification, il ne resta plus en Vendée que quelques bandes éparses sans consistance. Cet état dura jusqu'en 1814, malgré les tentatives avortées de Frotté, Georges et autres.

En 1814. — La présence de l'étranger fit apparaître quelques hommes par-ci, par-là, comme les feux follets par la chaleur; ce ne fut point une force militante.

En 1815. — L'émigration à Gand, et quelques petits troupeaux de volontaires dits royalistes, formaient une si mince force qu'elle était nulle; et, si l'on en parle au tableau, c'est pour prouver que rien de ce qui peut agrandir le parti n'a été omis.

De 1816 à 1830. — La première formation de l'armée comprit des prolétaires, des hommes tarés ou sans aveu qui en firent le noyau. Quiconque a connu cette première réunion en légions, n'a pu regarder ces soldats comme combattans, mais comme des sbirres.

12,000 Suisses vinrent ajouter à cette force. Une organisation plus régulière créa une garde royale. Juillet 1830 nous met à même de juger quelle fut cette force pour le parti. L'armée entière, composée d'élémens nationaux, fut nulle pour lui.

———

TABLEAU DE LA FORCE NUMÉRIQUE DU PARTI
EN OPINION.

En 1792, 600,000 familles.
En 1804, 50,000 *id.*   au plus.
En 1814, 30,000 *id.*   *id.*
En 1815, 50,000 *id.*   *id.*
En 1830, 200,000 *id.*   *id.*
En 1832, 50,000 *id.*   *id.*

Cette évaluation a pour base principale, 1° la population générale de la France; 2° celle des départemens supposés dévoués; 3° ce que les événemens successifs ont rendu public sur l'esprit dominant en France.

Quant à celle de la force militante elle a été facile à préciser, il a suffi de nombrer ce qui s'est montré.

Que ce parti veuille donc, pour évaluer sa force actuelle lui-même, se remettre sous les yeux et les journées de juillet, et le voyage de Cherbourg, et les élections après le départ; alors qu'il prononce. Mais, ainsi que le dit l'Evangile : « *Aures habent et* « *non audient, oculos habent et non videbunt.* »

COMPOSITION DES ARMÉES DE LA BRANCHE DÉCHUE,

A DIVERSES ÉPOQUES, DEPUIS 1792.

1792. — ARMÉE DES PRINCES A COBLENTZ.

2 compagnies des gardes de la Porte à pied.......	200	nobles.
4 *id.* des gardes du corps du roi à cheval.	1,600	*id.*
2 compagnies des gardes des princes à cheval	400	*id.*
2 *id.* des mousquetaires, maison rouge, *id.*	400	*id.*
2 *id.* des chevau-légers, *id.* *id.*	300	*id.*
2 *id.* des gendarmes de la garde, *id.* *id.*	300	*id.*
10 *id.* *id.* dits de la gend. de Lunéville, *id.*	700	*id.*
1 *id.* des grenadiers *id.*	150	
1 *id.* des Cent Suisses à pied............	40	
4 *id.* des officiers de cavalerie, dits la coalition de Limbourg...........	500	*id.*
Coalition d'Auvergne à cheval...................		
Id. de Poitou *id.*...................	800	*id.*
Id. de Bretagne *id.*...................		
1er régiment de chasseurs impériaux russes, dits de Polignac, à cheval	300	
1 régiment de royal Allemand, émigré, à cheval...	400	
Des hussards de Berchiny, Lauzun, Chamboran ..	300	
1 régiment des hussards de Saxe, émigré........	350	
De divers régimens d'infanterie, *id.*..........	150	
1 rég. de Wittgenstein, étranger, créé alors infant.	700	
Chasseurs, dits de Saint-Clair.................	200	

A reporter 7,790

Report	7,790
Du rég. de Vexin infant., émigré avec son drapeau.	5o
1 régiment de Berwick irlandais, émigré	900
2 compagnies, dites de bourgeois, infanterie	200
De l'artillerie, officiers et soldats.	100
Du génie, *id.* *id.*	20
Le corps d'officiers du régiment du roi infanterie, formé en compagnie de cavalerie	15o nobles.
	9,210

1792.—ARMÉE DITE DE BOURBON A ATH ET BRUXELLES.

Officiers d'infanterie, dits cantonnement d'Ath....	1,600
De soldats amenés par leurs officiers	200
Off. de caval. réunis, dits cantonn. de Grevenmach.	400
	2,200

1792. — ARMÉE DE CONDÉ A WORMS.

Officiers réunis, infanterie	1,500
Compagnies dites de bourgeois	3oo
Officiers de cavalerie réunis	200
Légion de Mirabeau, de toutes armes.	1,200
Soldats émigrés	200
Artillerie, officiers et soldats réunis.	15o
Le corps dit des chevaliers de la couronne, cavalerie.	200
Le régiment dauphin, cavalerie, émigré	13o
	3,88o

Total général	15,290

Ce chiffre, encore quelque peu enflé, prouve évidemment qu'il y a maximum forcé dans celui de 24,000, mentionné au sixième paragraphe de cet *Aperçu statistique*.

1793. — Au mois de juillet, le corps de Condé existait comme faisant partie de l'armée autrichienne, étant à la solde de cette puissance et considéré comme une simple division, mais portant la cocarde et le drapeau du parti.

Voici quelles étaient sa force et sa composition :

```
16 compagnies d'officiers réunis. ) Le tout dénommé chasseurs
 2      id.      de bourgeois.    )    nobles................ 2,200
        Observant qu'après le licenciement des armées des princes
        et de Bourbon, un millier environ des émigrés qui en fai-
        saient partie rejoignirent celle de Condé.
Le corps dit des chevaliers de la couronne, cavalerie.........   200
La légion de Mirabeau comptant 600 hommes de cavalerie de
        tout genre, 1,200 hommes d'infanterie; dans ce nombre,
        2 compagnies de bourgeois, l'une à pied, l'autre à cheval,
        nommés volontaires............................... 1,900
Cavalerie noble, officiers et autres émigrés réunis ..........   500
Le régiment dauphin, cavalerie, émigré..................   130
        Id.      des hussards de Salm, nouvelle création .......   250
2 rég. dits de Hohenlohe-Barkenstein et Schellings-Furst...   500
2 comp. des offic. réunis sortis de France, dont une des Suisses,
        particulièrement du régiment de Châteauvieux, portant cet
        uniforme........................................   120
L'artillerie noble ou soldée............................   150
                                                         ———
                                                        5,950
```

1796. — Lorsque le prétendant, reconnu comme roi de France par la Vendée et l'armée de Condé seulement, se rendit au milieu de cette dernière, elle était à la solde de l'Angleterre, qui fit alors d'immenses sacrifices pécuniaires pour la porter à un nombre majeur.

Elle était composée ainsi qu'il suit :

Les chasseurs nobles à pied............................	2,000
3 régimens de cavalerie noble........................	1,200
La légion de Mirabeau, devenue de Damas..............	2,000
1 régiment de Hohenlohe.............................	700
6 cadres de régimens d'inf. appelés Bardenanges, Damas, etc..	1,000
1 régiment dauphin, cavalerie........................	300
1 *id.* de hussards, dits de Bachi du Quaila, remplaç. Salm.	400
3 cadres de régimens de cavalerie, dénommés Clermont-Tonnerre, Ruranges, Noinville..........................	800
Artillerie et train..................................	300
Garde du quartier-général, sous-officiers et Suisses.........	200
Chevaliers de la couronne............................	350
Hussards de Damas venus du service de Hollande	200
Id. de Carnauville................................	200
	9,650

Août 1797. — L'armée de Condé, réduite à moins de 5,000, disparaît et passe en Russie au service de l'empereur Paul.

En 1799. — Elle reparaît comme division russe de l'armée de Korzakoff.

Septembre 1800. — Elle reparaît comme corps de l'armée autrichienne.

En 1800. — Elle est définitivement licenciée.

SUPPLÉMENT AU TABLEAU DE LA FORCE MILITANTE.

L'auteur n'a pas cru devoir porter à l'effectif des forces militantes en 1795 les corps ci-après nombrés, parce qu'ils comptaient parmi les forces de l'étranger et portaient ses couleurs; en outre, parce qu'ils furent spécialement employés à son service dans les colonies et lieux sous la domination anglaise; cependant il en a mentionné plusieurs au tableau général à l'article *Armée de Quiberon*. Ce ne furent que les trois premiers ici désignés; une partie des autres furent bien présentés en rade, mais ils ne débarquèrent point et furent immédiatement dirigés sur les points indiqués ici en regard de chacun d'eux.

ARMÉE DE QUIBERON.

DÉBARQUÉ A QUIBERON.

1° Le corps des offic. réunis de la marine était commandé par M. Hector, chef d'escadre, — 430. — Il périt en entier, sauf 18 environ.

2° Le régiment d'Hervilly, composé en grande partie de prisonniers de guerre, — 700. — Il passa aux Français, et n'existait plus après l'expédition.

3° Le régiment de Béthizy et un ou deux autres formant ensemble — 1,000. — Des débris de ces corps on forma un cadre d'environ 200 hommes qui rejoignit en 1796 l'armée de Condé; encore nos souvenirs ne nous disent pas bien formellement s'ils furent de l'expédition.

RESTÉ EN RADE.

Le rég. de Choiseul hussards, — 800. — Furent dissous ensuite et in-
Id. de Hompesch *id.* — 800. — corpor. dans l'armée anglaise.

A reporter . . . . . . 3,730.

Report	3,730.	
Le rég. de Rohan *id.* et Talpache,	800.	Ces 2 corps furent dissous et incorpor. dans l'arm. angl.
Id. de Salm,	800.	*Id.*
des lanciers britanniques,	600.	Fut envoyé de suite à Saint-Domingue.
Id. de Rohan – Monthazon, infanterie,	1,000.	*Id.* et confondus en un seul.
Id. de Lowemberg, *id.*	900.	
Id. de Rolle, Suisse, *id.*	1,200.	Fut envoyé en Corse, puis en Sicile.
Id. de La Châtre, dit Loyal Emigrant,	900.	Ne fit point partie de l'expédition; avait été détruit à Ypres et Menin en 1794.
La légion de Damas. hussards et infanterie, environ	800.	Etati au service de la Hollande; fut détruit en moins de dix-huit mois, et, par la conquête de la Hollande, ses débris rejoignirent l'armée de Condé.
La légion de Téon, *id.*	800.	Fondue comme ci-dessus en dix-huit mois; ses débris incorporés dans l'armée hollandaise au service de laquelle elle était.
Un régiment d'infanterie composé de prisonniers de guerre et d'étrangers,	800.	Fut comme troupe anglaise, employé en Portugal, en Sicile et quelque peu en Egypte.
	12,330.	

De ce total de 12,330 hommes il n'y en eut que 6,930 qui firent partie de l'expédition, et 3,130 qui débarquèrent. Ainsi l'armée de Quiberon se trouve portée au tableau pour 3,000, taux élevé. On devra toutefois observer que ces 3,000 hommes étaient les seuls qui portassent les couleurs du parti[1].

[1] A l'égard du chiffre des armées d'émigrés, on défie qui que ce soit d'en prouver la dépréciation, encore moins l'exagération.

Quant à celle de Condé, qu'on relise à cet égard l'écrit de M. le comte d'Ecquevilly, maréchal général des logis de la cavalerie du corps de Condé (toutefois l'auteur de cet aperçu ne l'a pas lu, il ne le connaît que par la voix publique et les articles des journaux qui en ont parlé).

Quant à celles de l'intérieur, on ne craint pas que les gouvernemens qui ont traité de la paix avec elles, les chefs qui l'ont signée, aient laissé aucun document qui démente en rien l'évaluation que nous présentons, observation générale.

Nous regardons comme de toute inutilité de justifier tous les paragraphes de cet écrit qui n'ont point de notes; qui porterait doute, ne se serait probablement jamais occupé des événemens pendant cette longue période d'années qui les ont vus se succéder.

DEUXIÈME PARTIE.

21 JUIN 1832.

Cet aperçu fut écrit en mars 1832; nous ne pensions pas alors que le parti, quoique déjà en mouvement depuis quelques mois, pût en venir à une explosion combinée sur plusieurs points. Les événemens ont démenti notre prévision; mais ils sont venus corroborer ce que nous disions de la force militante.

Qu'a-t-on vu en effet? une échauffourée à Marseille. Quelle a-t-elle été? qu'en est-il résulté? quelle a été la force militante? une centaine d'individus, la plupart non armés, qui, suivis par des groupes d'oisifs, de curieux, de gens avides de spectacles et de mouvemens, ainsi qu'on voit des enfans qui entourent des marchands d'orviétan, bêtes curieuses ou autres; une centaine d'individus laissant prendre au milieu d'eux sans les défendre, ou, pour mieux dire, livrant trois ou quatre chefs assez fous pour se croire appuyés par ceux qui s'étaient amassés autour d'eux. Il serait ridicule de dénommer cela une troupe, un parti, une force armée, des combattans.

Si de là nous jetons les yeux sur ce qui s'est passé dans les départemens de l'Ouest, nous n'y voyons qu'un mouvement d'un caractère, il est vrai, rendu un peu plus sérieux par la présence d'une princesse, point de ralliement du parti.

Mais, encore une fois, où est l'armée de ce parti? Où s'est montrée la force militante offrant masse, pouvant obtenir succès et combattre le gouvernement national? Quels que soient les bruits répandus à dessein par le parti de la présence de ses forces sur un grand nombre de points; quels que soient ceux semés par des gens de bonne foi qui écrasaient les journaux de leur exagération sur le nombre, les ressources et les succès du parti; rapports exagérés par la peur et souvent par la malveillance envers le gouvernement, rapports colorés de patriotisme; qu'a-t-on vu? analysons-le : une vingtaine, une trentaine de bandes qui se reproduisaient sur un certain nombre de points toujours les mêmes, composés de 15, 20, 50, 60 hommes; on a osé dire 200, 300, 500, les petits nombres malgré leurs pertes, la chasse continuelle qui leur était donnée, se recrutant par la force.

Nota. Divers procès ont constaté de la force de ces bandes :

Celle de M. de Kersabiec n'était que de 37 hommes ;
Celle de M. de Charrette, de 40 ;

Celle de M. le général Clouet, de 15, et lorsqu'elle se réunissait à celle de M. Guilloré, elle était de 60.

Qu'a-t-on vu des Diot, des Sorlant, des Gateau, des Roger, des Gautier, et autres chefs subalternes servis par une partie de la population que leur hardiesse et leurs menaces terrifiaient? s'avantageant de localités favorables à ce genre de guerre d'insurrection ; que l'on suppute maintenant le nombre de ces bandes pour en conclure qu'il y a force militante, une armée enfin, et l'on ne trouvera pas à compter 6,000 hommes.

Quelle a été la plus forte réunion? 1,500 hommes, dit-on, avec M. de La Rochejacquelein. Ce nombre est à contester, on ne l'a pas vu ; il n'y a point eu de combat où cette force ait agi.

On le répète, tout en admettant le fait, peut-on considérer cela comme une troupe? Ne sont-ce pas plutôt des troupeaux dont les membres rassemblés, moins par opinion ou persuasion que par quelques gens ardens et actifs, peuvent être comparés à ces animaux intelligens dont se sert un berger pour réunir son troupeau.

On sera convaincu de ce que nous avons avancé dans notre écrit, qu'il n'y a point d'armée possible ni de réunion de 10,000 combattans pour le parti sans la coopération des armées de l'étranger ; encore ces combattans, après victoire, ne sortiraient de leur territoire qu'en infiniment petit nombre, tant est grande leur répugnance à quitter leurs foyers !

Le rapport d'un ancien chef vendéen à la duchesse de Berry, inséré il y a quelque temps dans les journaux, confirme pleinement ce que nous avons avancé sur l'impossibilité de réunir une armée en France pour cette cause.

Une lettre, insérée au *Constitutionnel* du 18 au 19 juin, constate également qu'avec tous leurs moyens d'embauchage, de persuasion ou de force, il n'y a pas 6,000 hommes qui se soient présentés au combat en divers lieux, sur une étendue de terrain de plus de quarante lieues, théâtre du mouvement du parti.

De tout ceci on devra tirer avec nous induction que les chiffres de force militante ou sentimentale du parti sont aussi concluans que possible; qu'il n'y a point d'armée royale; qu'il ne peut y en avoir; que tout ce qui appartient à ce parti, en fait de personnages honorables, s'est retiré de la scène pour ne point se souiller, laquelle n'est plus occupée que par des malfaiteurs et des assassins.

Tel est le tableau actuel du parti.

L. D. L.

Nota. L'auteur a, par position, été à même de voir et de recueillir : il participa des deux. Envoyé fort jeune en émigration, il fut officier dans les armées des princes, simple soldat sous la république, officier sous le consulat, officier supérieur sous l'empire, enfin, général en retraite à la restauration.

www.ingramcontent.com/pod-product-compliance
Lightning Source LLC
Chambersburg PA
CBHW061757060726
47597CB00007B/2987